Tabla de contenido

¡Un mundo sin fricción!

Imagina que estás sentado en el sofá, en casa. Decides levantarte, pero cuando te apoyas en el suelo, tus pies se resbalan. Todo resbala tanto como el hielo. Pero, afortunadamente, el sofá está pegado a la pared, así que empujas con fuerza y consigues rebotar en el suelo. ¡Pero ahora tienes otro problema porque te estás deslizando hacia la puerta y no puedes parar! Sales deslizándote por la puerta, escaleras abajo y hasta la calle.

PARA PENSAR

★ ¿Qué es la fricción?

★ ¿Dónde encuentras fricción?

★ ¿Cómo podemos aumentar o disminuir la fricción?

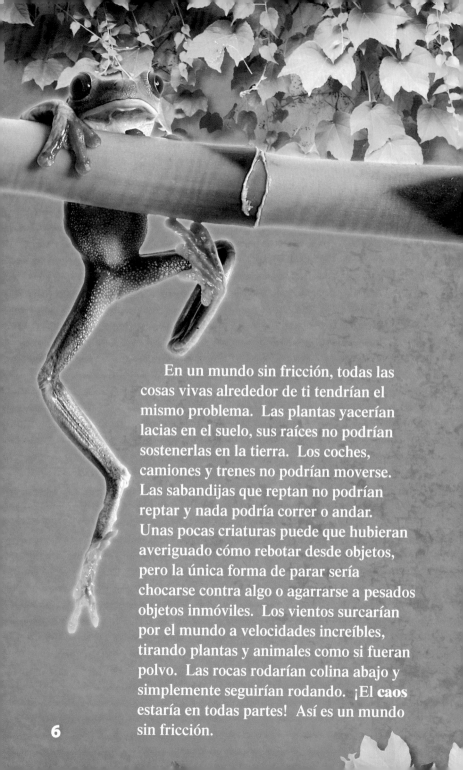

En un mundo sin fricción, todas las cosas vivas alrededor de ti tendrían el mismo problema. Las plantas yacerían lacias en el suelo, sus raíces no podrían sostenerlas en la tierra. Los coches, camiones y trenes no podrían moverse. Las sabandijas que reptan no podrían reptar y nada podría correr o andar. Unas pocas criaturas puede que hubieran averiguado cómo rebotar desde objetos, pero la única forma de parar sería chocarse contra algo o agarrarse a pesados objetos inmóviles. Los vientos surcarían por el mundo a velocidades increíbles, tirando plantas y animales como si fueran polvo. Las rocas rodarían colina abajo y simplemente seguirían rodando. ¡El **caos** estaría en todas partes! Así es un mundo sin fricción.

¿Podría la vida sobrevivir?

Un mundo sin fricción sería muy diferente del que conocemos. Mucha gente se pregunta incluso si la vida sería posible. ¿Podrían los animales respirar sin fricción? ¿Podrían interactuar las células? ¿Se podría bombear la sangre? ¿Cómo obtendrían los seres vivos los alimentos y nutrientes que necesitan? A medida que leas sobre la fricción, piensa en cómo afecta a la vida en la Tierra.

DATOS DE SEGURIDAD

ACCIDENTES

" No se puede pulir una gema sin fricción, ni un hombre puede perfeccionarse sin pruebas "

—Lucio Anneo Séneca, filósofo

Tipos de fricción

No importa dónde estés o lo que estés haciendo, hay **fuerzas** en funcionamiento a todo tu alrededor, todo el tiempo. *Fuerza* significa "potencia activa". En física, se considera a menudo que la fricción es una fuerza negativa. La fricción es el resultado de dos objetos que se frotan entre sí. Sucede porque dos superficies en contacto cercano se agarran entre sí. Este agarre sucede a nivel **molecular**, pero también sucede a niveles mayores. Por este agarre, la fricción puede frenar las cosas y hacer que dejen de moverse.

Si las ruedas no se agarran bien a la carretera, el coche puede deslizarse y el conductor perder el control.

Empujar y tirar

La mayoría de las fuerzas se pueden considerar como de empuje o atracción. La fuerza de la gravedad atrae a un objeto hacia la Tierra. Te impulsas desde el suelo para empezar a moverte.

La mala fama de la fricción

¿Has tenido un roce con alguien alguna vez? ¿Has entrado en una habitación y visto que había "fricción entre dos personas"? A veces la gente utiliza la idea de la fricción para describir sentimientos negativos.

Cuando el papel de lija se frota sobre madera, se crea una gran fricción.

MADERA

PAPEL DE LIJA

Cuando la madera roza contra una superficie más suave, como el cristal, hay menos fricción.

MADERA

CRISTAL

Fricción estática

¿Has utilizado alguna vez un franelógrafo? Los objetos de fieltro se disponen en una superficie plana, como un trozo de cartón, que está cubierto por fieltro. Si pones la tabla de pie, los objetos se quedan donde se pusieron. Los franelógrafos dependen de la **fricción estática** para funcionar adecuadamente. La fricción estática es la fuerza de la fricción que existe cuando dos objetos no se mueven. Intenta poner una goma de borrar plana en tu libro. Si inclinas el libro un poco, la goma de borrar no se mueve. La fricción estática está en funcionamiento. La fricción estática es el tipo de fricción más fuerte.

Un consejo

La palabra **estática** significa "que no se mueve" o "que no cambia".

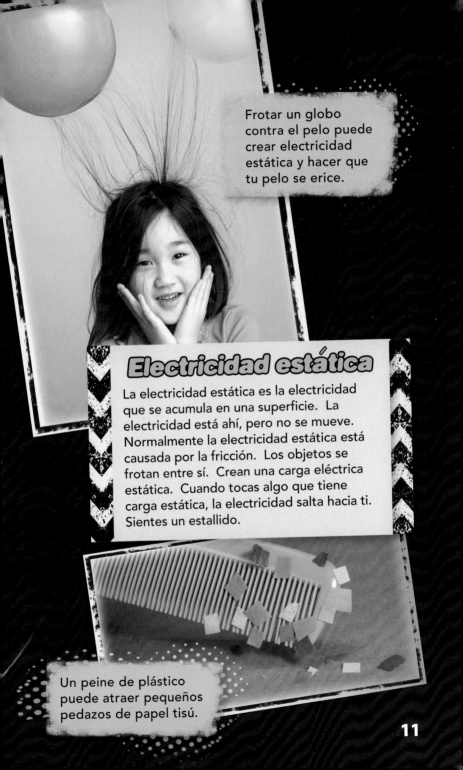

Frotar un globo contra el pelo puede crear electricidad estática y hacer que tu pelo se erice.

Electricidad estática

La electricidad estática es la electricidad que se acumula en una superficie. La electricidad está ahí, pero no se mueve. Normalmente la electricidad estática está causada por la fricción. Los objetos se frotan entre sí. Crean una carga eléctrica estática. Cuando tocas algo que tiene carga estática, la electricidad salta hacia ti. Sientes un estallido.

Un peine de plástico puede atraer pequeños pedazos de papel tisú.

Fricción de deslizamiento

La **fricción de deslizamiento** sucede cuando dos objetos se deslizan entre sí. Imagínate que empujas un ladrillo por el suelo o un libro por tu escritorio. La fuerza que impide que estas cosas se muevan con suavidad es la fricción de deslizamiento. La fricción de deslizamiento es una fuerza grande. Mantener algo en movimiento puede requerir mucha energía cuando está trabajando contra la fricción de deslizamiento.

Tribología

La tribología es un nuevo campo de la ciencia. Recibe su nombre de la palabra griega para frotar, *tribos*. Los tribólogos estudian cómo se frotan las superficies entre sí en el movimiento. Buscan formas de ahorrar dinero y utilizar menos energía en fábricas de todo el mundo.

Prueba esto

Dobla una hoja de papel haciendo un pequeño rectángulo y colocándola sobre un libro. Inclina el libro ligeramente, el papel no se mueve. La fricción estática lo mantiene en su sitio.

Sigue inclinando el libro y pronto el papel empezará a deslizarse. En ese instante, la fricción de deslizamiento está en funcionamiento. ¿Cuánto has de inclinar el libro para que el papel se deslice?

Ahora, intenta hacer el mismo ejercicio con un clip. ¿Empieza a deslizarse en el mismo ángulo? ¿Y qué pasa con una goma? ¿Crees que los resultados serían iguales con un tipo distinto de libro?

Resistencia a la rodadura

La **resistencia a la rodadura** es la fuerza que funciona contra el movimiento cuando un objeto rueda sobre otro. Sin la resistencia a la rodadura, no podríamos controlar un balón de fútbol o desplazarnos de un sitio a otro en automóvil. El balón o el automóvil seguirían moviéndose sin parar. La resistencia a la rodadura funciona para decelerar las cosas, al igual que la fricción de deslizamiento, pero es una fuerza más débil. Esto quiere decir que si todas las condiciones son iguales, requiere menos fuerza mantener en movimiento un objeto rodante que uno que se desliza.

Ruedas antiguas

Hasta ahora, la rueda más antigua jamás encontrada se descubrió en el área que fue Mesopotamia en su época. ¡Se cree que tiene 5,000 años!

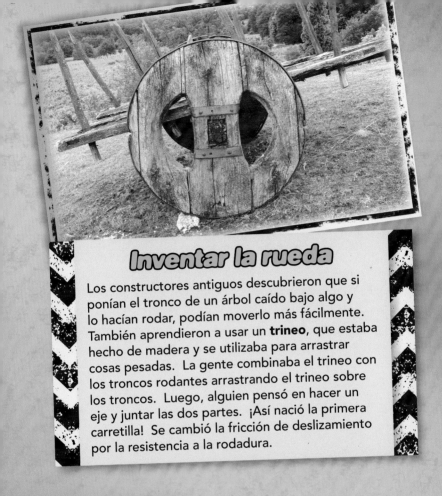

Inventar la rueda

Los constructores antiguos descubrieron que si ponían el tronco de un árbol caído bajo algo y lo hacían rodar, podían moverlo más fácilmente. También aprendieron a usar un **trineo**, que estaba hecho de madera y se utilizaba para arrastrar cosas pesadas. La gente combinaba el trineo con los troncos rodantes arrastrando el trineo sobre los troncos. Luego, alguien pensó en hacer un eje y juntar las dos partes. ¡Así nació la primera carretilla! Se cambió la fricción de deslizamiento por la resistencia a la rodadura.

Fricción en fluidos

Todo está hecho de moléculas. En los sólidos, estas moléculas están juntas y no se mueven mucho, pero en gases y líquidos, estas moléculas están más separadas entre sí y se mueven mucho. Tienden a fluir, razón por la que a los gases y líquidos se les llama **fluidos**. Fluido significa "correr".

El agua y el aire son ambos fluidos. Cuando algo como un barco se mueve por un fluido, algunas de las moléculas simplemente se mueven a su alrededor sin problema, pero muchas de las moléculas también se chocan con él. Rebotan entre sí y se acumulan, creando presión. Tiran de la superficie, decelerándola y resistiendo al movimiento. Por esta razón, la fricción en los fluidos se describe frecuentemente como **resistencia del aire** o **resistencia del agua**.

¿Como crees que la forma de un barco afecta a la resistencia creada en el agua?

16

Viscosidad de fluidos comunes (cP)

↑ **Baja viscosidad**

0.3	**acetona** (quitaesmalte)	
1	**agua**	
10	**sangre**	
10,000	**sirope de chocolate**	
50,000	**ketchup**	
250,000	**mantequilla de maní**	

↓ **Alta viscosidad**

La **viscosidad** es una medida de la resistencia de un fluido a fluir. Algo que fluye rápidamente tiene baja viscosidad. Algo que fluye muy lentamente tiene alta viscosidad. La viscosidad se puede describir en relación con el agua y medirse en centipoise (cP). El agua tiene una viscosidad de 1 cP.

Salón de la fama de la fricción

Las arañas, los gusanos y los gecos son solo algunos de los animales que utilizan la fricción para sobrevivir. Tanto si la usan bajo tierra o en el techo, la fricción es una fuerza con la que cuentan estas sabandijas espeluznantes.

Araña

¿Te has preguntado alguna vez cómo subió una arañita por el desagüe? La respuesta es que la araña tiene unos pelillos extremadamente pequeños en sus patas. Estos pelos se agarran a la superficie y aportan fricción de deslizamiento. Hacen que la araña no se deslice hacia abajo por la superficie.

Lombriz de tierra

Una lombriz de tierra utiliza la humedad de la tierra para crear **mucosidad**. Esta mucosidad cubre el cuerpo de la lombriz de tierra. Ayuda a reducir la fricción entre la lombriz de tierra y la tierra en la que vive. Con menos fricción, la lombriz de tierra puede desplazarse fácilmente por ella.

Geco

Un geco tiene en sus dedos millones de órganos parecidos al pelo. Al igual que una araña, estos pequeños órganos crean mucha fricción entre las patas del geco y la superficie. Como resultado, el geco puede correr por el techo. ¡Incluso se puede agarrar a una pared vertical con solo un dedo!

¿Qué afecta a la fricción?

¿Es la fricción siempre igual? ¡Claro que no! Varios factores afectan a la cantidad de fricción que resulta cuando dos objetos entran en contacto.

Imagínate frotar dos trozos de metal suaves entre sí. Ahora piensa en frotar dos ladrillos ásperos. ¿Qué objetos crees que crean más fricción? La **textura** de los objetos tiene mucho que ver con cuánta fricción crean. Mover objetos por una superficie áspera crea más fricción. Mover objetos por una superficie suave produce menos fricción.

Prueba esto

Encuentra dos bloques de madera y pégales a ambos papel de lija en uno de los lados. Ahora prueba a frotar las partes lisas de madera. Siente cuánta fuerza más se necesita para hacer que se deslicen entre sí por completo.

Luego, dale la vuelta a los bloques, para ver el lado del papel de lija. Prueba a frotar los lados ásperos entre sí. De nuevo, siente la fuerza entre ambos bloques.

¿Es más fácil frotar la suave madera o el áspero papel de lija?

20

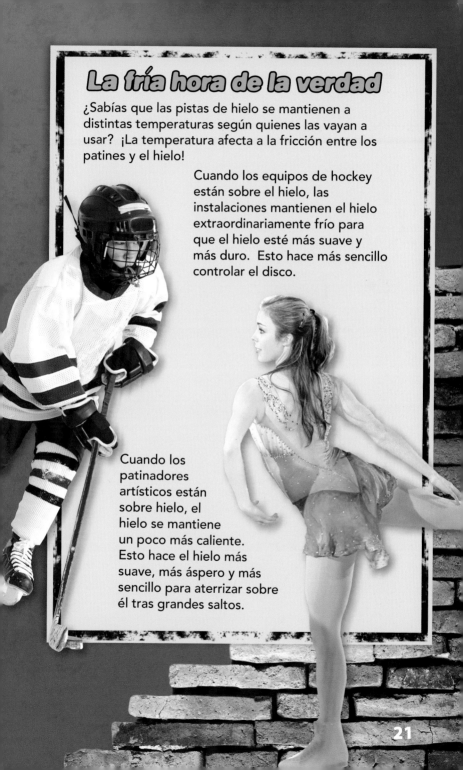

La fría hora de la verdad

¿Sabías que las pistas de hielo se mantienen a distintas temperaturas según quienes las vayan a usar? ¡La temperatura afecta a la fricción entre los patines y el hielo!

Cuando los equipos de hockey están sobre el hielo, las instalaciones mantienen el hielo extraordinariamente frío para que el hielo esté más suave y más duro. Esto hace más sencillo controlar el disco.

Cuando los patinadores artísticos están sobre hielo, el hielo se mantiene un poco más caliente. Esto hace el hielo más suave, más áspero y más sencillo para aterrizar sobre él tras grandes saltos.

Ruédalo

En este experimento rodarás una maqueta de auto por una rampa revestida de diferentes superficies.

Materiales

- un pequeño auto de juguete con ruedas que se muevan libremente
- chinchetas
- tres franjas de superficies con distintas texturas (plástico, papel de lija, alfombra, fieltro o madera)
- una tabla plana
- un bloque o pila de libros
- una regla

Paso 1

Apoya la tabla en un bloque o pila de libros para crear una rampa con una pequeña inclinación. Coloca el auto arriba del todo y deja que se vaya. (No lo empujes).

Paso 2

Mide la distancia que recorrió el vehículo desde el borde de la rampa con una regla. Registra tus resultados. Repítelo dos veces más.

¡ALTO!
PIENSA...

- ¿Qué superficie fue la más lenta? ¿Cuál fue la más rápida? ¿Qué relación tiene con la distancia que el auto recorrió?

- ¿Qué superficie tenía la mayor fricción? ¿Cuál tenía la menor?

- ¿Qué podrías hacer para reducir la fricción en esta prueba?

Paso 3

Sin cambiar el ángulo de la tabla, fija una de las superficies a la rampa. De nuevo, coloca el auto arriba del todo y sin empujarlo, deja que ruede. Mide la distancia que recorrió el auto. Registra tus resultados en una tabla similar a la siguiente. Repite este procedimiento con cada una de las superficies.

Resultados

Superficie	Prueba de distancia 1	Prueba de distancia 2	Prueba de distancia 3
La tabla sin cubrir			
Superficie 1			
Superficie 2			
Superficie 3			

Presión

La fricción aumenta con la presión. Por ejemplo, si los frenos de una bici tocan las ruedas de una bici suavemente, no sucederá mucho. Pero si aprietas los frenos del manillar, las zapatas apretarán las ruedas. Con mayor presión, las ruedas decelerarán y se pararán rápidamente.

> "Sin presión no hay diamantes
> —Thomas Carlyle, escritor "

Tesoros duros

Los diamantes encontrados en minas se formaron hace más de mil millones de años. El calor extremo y la presión en las profundidades de la superficie de la Tierra convirtió el carbono en cristales. Los volcanes subterráneos empujaron los diamantes hacia la superficie. ¡Hoy, los científicos pueden crear estas piedras superduras en laboratorio!

Peso

El **peso** es la fuerza de la gravedad ejercida sobre algo basada en su masa. En la Tierra, se puede considerar que es la cantidad de presión que ejerce un objeto contra la Tierra. Es decir, el peso es una especie de presión. Debido a que aumentar la presión aumenta la fricción, aumentar el peso hace lo mismo.

Carrito de la compra

¿Alguna vez has empujado el carrito de la compra en el mercado? Al principio, cuando el carrito está vacío, puedes moverte rápido fácilmente. Pero después de llenar el carrito con artículos pesados, se hace mucho más difícil de empujar. Hasta puede que las ruedas se arrastren por el suelo en lugar de rodar con facilidad. Hay más fricción cuando el carrito está lleno y es pesado que cuando está vacío y es ligero.

Prueba esto

Prueba a utilizar los bloques de papel de lija otra vez. Esta vez, frota entre sí los lados de papel de lija de los bloques utilizando diferentes cantidades de presión. Empieza con suavidad. Luego, aprieta con más fuerza. ¿Cómo cambia la fricción? Ahora, prueba con el lado de madera de los bloques. De nuevo, empieza con una presión ligera y luego aprieta con más fuerza. ¿Hay alguna diferencia perceptible? ¿Por qué?

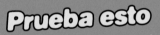

Lubricación

Todas las máquinas se rompen en algún momento debido a la fricción. Las piezas se frotan y las partes se desgastan. Pero cualquier conductor de auto te dirá que una de las mejores cosas que puedes hacer para mantener tu máquina con un buen funcionamiento es asegurarte de que está bien lubricada. Los **lubricantes** reducen la fricción haciendo que las cosas sean más resbaladizas. Un lubricante puede ser algo tan sencillo como el agua. Imagínate bajar por un tobogán de agua. Resbalas tobogán abajo porque el agua actúa como lubricante, pero el agua es fina y **se evapora** rápidamente. Los motores utilizan aceites especiales que se pegan a las partes y no se evaporan o se queman con el calor. La grasa, el aceite y la silicona son lubricantes comunes.

motor turbo

¿Un motor sin aceite?

¿Qué sucede cuando el motor de un coche se queda sin aceite? Las partes que se mueven se frotan tanto entre sí al principio, que comienzan a caerse pequeños trozos y a atascar el motor. El motor se calienta mucho muy rápidamente. Las partes empiezan a fundirse y a debilitarse. Pronto, algunas partes se desgastan y se rompen, haciendo que trozos de metal salgan volando hacia otras partes. ¡En cuestión de segundos el motor se ha hecho pedazos en el interior!

Escurridizo como un lápiz

Uno de los mejores lubricantes para temperaturas extremadamente altas o extremadamente bajas está hecho de grafito. Es el mismo material que hay en tu lápiz.

Bueno hasta la última gota

¿Alguna vez has intentado sacar la última gota de ketchup de una botella? Normalmente, tienes que sacudir y golpear el envase. E incluso después de eso, probablemente no la consigas. La fricción la retiene dentro. Pero los investigadores han creado un revestimiento apto para alimentos que resuelve este problema. El material extraresbaladizo permite que el ketchup —o cualquier gel o líquido— salga con facilidad de la botella hasta la última gota.

Cómo funcionan los lubricantes

Las máquinas están por todo nuestro alrededor. Las partes zumban y se mueven entre sí, ¡a veces a velocidades muy altas! Siempre hay fricción entre ellas, robando su energía y averiándolas. Los lubricantes ayudan a las máquinas a combatir la fricción. ¿Pero cómo funcionan?

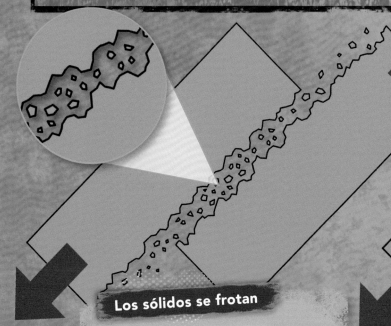

Los sólidos se frotan

Los sólidos pueden parecer suaves en su superficie, pero bajo un microscopio, están llenos de pequeños hoyos y rugosidades que se enganchan entre sí. Ya que los sólidos no cambian de forma, la única manera de que se transformen es calentándose y rompiéndose.

Los fluidos fluyen

Un fluido como la grasa o el agua puede fluir entre las capas de los sólidos. Esto crea una protección que ayuda a suavizar las pequeñas piezas que podrían rozarse entre sí.

Los fluidos pueden hacer capas

No todos los fluidos se comportan de la misma manera. La capa más cercana a la parte superior se mueve con la parte superior de la máquina. La capa de la parte inferior se mueve con la pieza inferior. Esto permite que se deslicen entre sí fácilmente sin engancharse con la capa intermedia, que también es un fluido.

29

Área de contacto

Piensa en una manta acolchada. Cuando la manta está desplegada, el área de superficie es grande. Cada lugar que toca la cama empuja hacia abajo ligeramente porque el peso está repartido. Si doblas la manta, tiene un área de superficie menor. No toca tanta área, pero empuja hacia abajo más en cada sitio que toca pues su peso está más concentrado. Piensa en una manta a nivel molecular. Cuando la manta está doblada, el mismo número de moléculas está empujando contra la cama como si la manta estuviera desplegada.

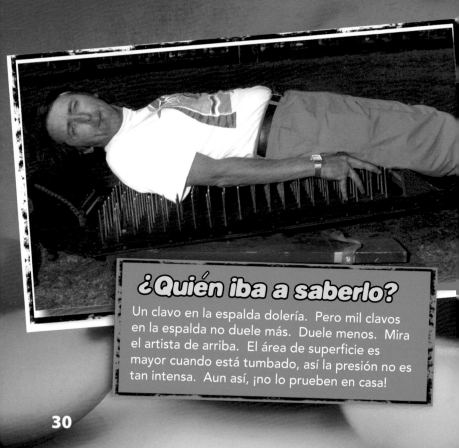

¿Quién iba a saberlo?

Un clavo en la espalda dolería. Pero mil clavos en la espalda no duele más. Duele menos. Mira el artista de arriba. El área de superficie es mayor cuando está tumbado, así la presión no es tan intensa. Aun así, ¡no lo prueben en casa!

Rodamientos

El área de superficie no cambia la fricción. Pero la cantidad de contacto entre dos objetos a nivel molecular sí. Los rodamientos son anillos de bolas de metal duro dentro de un recorrido metálico. En un rodamiento, la cantidad de contacto entre las bolas y las partes en movimiento es muy pequeña, así que la fricción es baja. Esto permite que las cosas se muevan más fácilmente. Las máquinas, los patines e incluso los coches utilizan los rodamientos para mantener baja la fricción.

En movimiento

Todos los autos utilizan la fricción para parar. Las muchas variables que afectan a la fricción se pueden ver durante esta importante acción. Al igual que los frenos de una bici, las pastillas de los frenos automáticos presionan las ruedas para decelerar y parar el vehículo. La distancia que el coche recorre desde que se aplican los frenos se llama **distancia de frenado**. La velocidad y el peso del coche al igual que si la carretera está mojada o seca puede afectar a la distancia de frenado.

freno

Distancia de parada

Los frenos no comienzan a funcionar hasta que alguien aprieta el pedal de freno. La gente necesita tiempo para darse cuenta de un peligro. Después, deben pensar en parar. Finalmente, hace falta un momento para que el mensaje llegue del cerebro al pie para que el conductor pueda pisar el pedal de freno. En conjunto, este proceso compone **tiempo de reacción** del conductor. La **distancia de parada** de un coche es una combinación del tiempo de reacción del conductor y la distancia de frenado del vehículo.

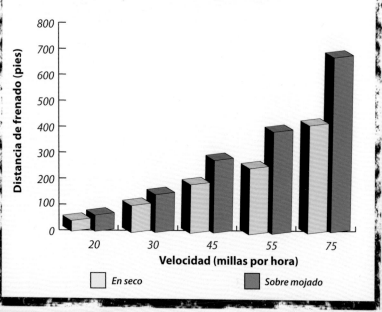

Seco contra mojado

Esta tabla compara las distancias de frenado reales en un tramo de pavimento con condiciones secas y húmedas. ¿Qué condiciones parecen crear más fricción?

Distancia de frenado (pies)

800
700
600
500
400
300
200
100
0

Velocidad (millas por hora)

20   30   45   55   75

En seco   Sobre mojado

¡Qué arrastrado!

¿Alguna vez has sacado tu mano por la ventanilla de un coche en marcha? La corriente de aire que tira de tu mano hacia la ventanilla de atrás se llama **arrastre**. Compara la fuerza que sientes cuando tu mano está paralela con el suelo. Puedes probar también a sujetar tu mano recta para ver cómo aumenta el arrastre cuando cambia la posición de tu mano.

El arrastre es otra palabra para la resistencia del agua y del aire. Cuando tiras de una caja sobre un área áspera del suelo, la caja y el suelo se enganchan entre sí con la misma cantidad de fuerza sin importar lo rápido que tires. En cambio, si empujas por un fluido, el fluido opone resistencia, pero también se quita del medio. Si vas despacio, las moléculas tienen más tiempo para ajustarse, así que empujan menos en contra. Si te mueves rápido por aire o agua, las moléculas se acumulan rápidamente y no se mueven con suavidad. No pueden quitarse del medio, así que se arremolinan y crean mayor arrastre.

En la pista de carreras

¿Alguna vez has visto un coche de carreras moviéndose tan rápido que necesitaba un paracaídas para parar? Los coches de carreras están diseñados para reducir el arrastre tanto como sea posible. Los conductores quieren ir rápido por la pista utilizando poco combustible. Pero esto significa que cuando hay que parar, los frenos tradicionales puede que no sirvan. Afortunadamente, los paracaídas funcionan muy eficientemente a altas velocidades. Deceleran el coche antes de que llegue al final de la pista.

Paracaídas

Los paracaídas son un gran ejemplo de cómo el arrastre puede ser útil. Un paracaidista cae muy rápido. El paracaídas se abre. Al principio hay mucha fricción porque el paracaidista se mueve muy rápidamente. De hecho, la fricción es mayor que la fuerza de la gravedad que tira del saltador, así que él o ella sube durante un poco de tiempo. Después, el saltador va a menos velocidad y pronto va lo bastante lentamente para que la fricción se reduzca. El saltador sigue cayendo a una velocidad constante, lenta y segura hasta que hace un aterrizaje suave.

Rebufo: la ciencia de la velocidad

Los conductores de NASCAR entienden mucho sobre la fricción y el arrastre. Se ganan la vida conduciendo rápidamente. ¡Deben evitar las fuerzas que disminuyen su velocidad (como el arrastre causado por la fricción)! Una forma de hacer esto es mediante el **rebufo**.

Por el premio

El rebufo ayuda a dos coches a ir más rápido. Pero ningún conductor de NASCAR quiere que otro conductor gane. Ayudan a alguien a ir más rápidamente mediante el rebufo porque ellos también se benefician. ¡Después de que los dos coches consigan ponerse en cabeza, cada conductor hará lo posible para acabar el primero!

¿Qué?

El rebufo es cuando un coche conduce detrás de otro, cerca, no simplemente a pocos pies de distancia sino a unas pocas pulgadas.

¿Por qué?

Cuando un conductor se pega a otro coche, está reduciendo el arrastre de ambos coches. Es como si el aire pasara sobre solo uno de los coches en lugar de los dos. El resultado es que ambos motores trabajan juntos y mueven ambos coches con mayor rapidez por la pista.

¿Dónde?

Los conductores de NASCAR pueden usar el rebufo en cualquier pista, pero es más común en los autódromos de Daytona y Talladega. Estas pistas son largas con laderas pronunciadas, lo que implica que los pilotos podrían estar en peligro de conducir demasiado rápido. Se obliga a que los conductores reduzcan la potencia de sus coches en estas pistas. Los conductores están frustrados porque la menor potencia limita su velocidad. ¡Así que utilizan el rebufo para compensar!

La diferencia según la forma

¿Te has dado cuenta alguna vez de que los cohetes, aviones y submarinos tienen todos una forma larga y **afilada**? Esta forma se mueve bien a través de fluidos. No hay muchos lugares donde las moléculas puedan quedar atrapadas, por lo que la forma **aerodinámica** reduce el arrastre.

Soplando en el viento

Este gráfico muestra cómo un fluido fluye alrededor de diferentes formas. Cuando el fluido tiene que moverse por muchas esquinas y curvas, tira del objeto y crea más resistencia. Pero cuanta mayor sea la suavidad con la que fluye el fluido alrededor de la forma, menor resistencia habrá.

Plano

Redondo

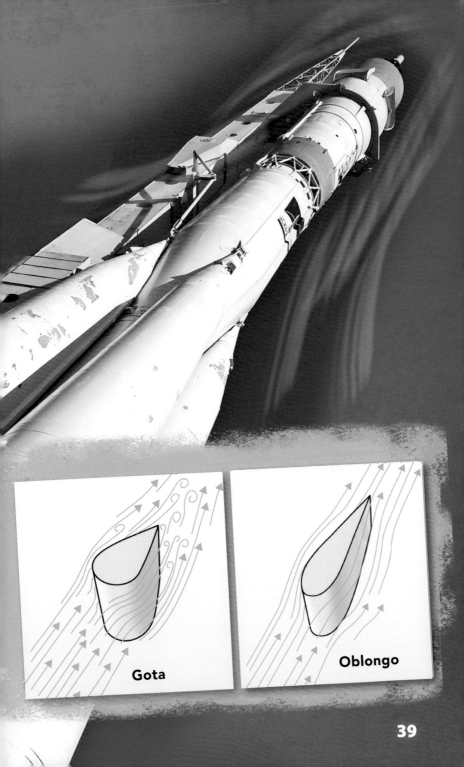

Gota

Oblongo

Supervivencia aerodinámica

Las máquinas no son las únicas cosas que se aprovechan de la aerodinamización. Los animales también lo hacen. Por supuesto, estos animales no han copiado a las máquinas. Los ingenieros que diseñan submarinos y cohetes se fijaron en estos animales para ver qué formas funcionaban mejor.

delfines

raya látigo

pingüinos

Los pájaros tienen cuerpos aerodinámicos, huesos huecos y alas planas que los ayudan a planear sin esfuerzo por el cielo.

ave de rapiña

halcón

león marino

atún rojo

Los cuerpos aerodinámicos se mueven más rápido. Esto facilita a estos animales capturar presas y escapar de depredadores. También utilizan menos energía para moverse.

41

¿Cómo funciona la fricción?

La fricción opone resistencia al movimiento y produce deceleración. Así que, ¿qué más hace? Algo que hace la fricción es crear calor. Cuando dos objetos se frotan, toda la **energía cinética** se transforma en calor en su lugar. Esto puede ser útil cuando intentas hacer fuego, pero también implica que mucha energía se desperdicia en forma de calor.

$E = mc^2$

$E = mc^2$ es la famosísima fórmula de Albert Einstein. Dice que la energía (E) es igual a la masa (m) multiplicada por la velocidad de la luz (c) al cuadrado. Esto significa que la materia se puede convertir en energía y que la energía se puede convertir en materia. No solo eso, sino que la materia contiene gran cantidad de energía. Desafortunadamente, no somos muy buenos usando toda esa energía. La mayor parte se escapa sin utilizarla. Una de las formas más comunes en las que se escapa es en forma de calor.

Prueba esto

Es fácil generar calor con fricción. ¡Solo tienes que frotar tus manos! No hace falta mucho tiempo para que te des cuenta de cómo sube el calor a medida que las moléculas tiran entre sí. Ahora, prueba a frotar tus manos sobre diferentes superficies. Prueba a frotarlas en tus pantalones o tu mesa. ¿Se calientan a diferentes velocidades?

¿Y si...?

Los diseñadores de automóviles emplean mucho tiempo averiguando cómo mantener frescos los motores. Tras un largo viaje, el motor e incluso las ruedas están demasiado calientes como para poder tocarlos. Pero, ¿y si pudiéramos utilizar toda esa energía? ¿Y si pudiéramos convertirla en movimiento en su lugar? Desde luego que los coches serían muy eficientes.

43

Salvavidas

Claramente, la fricción es muy importante. Después de todo, nos permite detener objetos en movimiento, pero es igualmente importante porque nos permite movernos. De nuevo, piensa en permanecer de pie y caminar sin la fricción necesaria para permitir que tus pies hagan contacto con el suelo. Podrías empujarte con los objetos sólidos, pero no habría forma de controlar la dirección o parar. Las ruedas de los autos no funcionarían porque no podrían rodar. Las células de nuestros cuerpos dependen de la fricción para muchas de sus funciones también. Podría ser posible que la vida existiera en un planeta sin fricción, ¡pero no se parecería a lo que conocemos!

Resbalarse al espacio

Cuando dos objetos entran en contacto, hay una fricción. Pero en el espacio, hay distancias grandísimas entre los objetos. ¡Ni siquiera hay aire ahí fuera! Así que es posible moverse por el espacio sin experimentar nada de fricción.

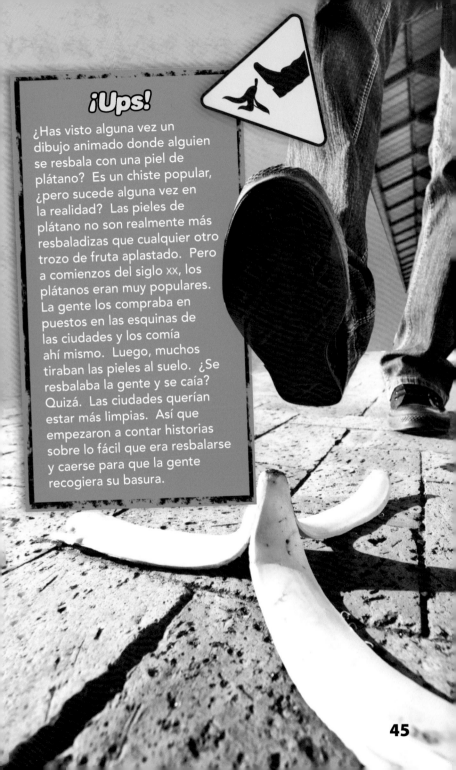

¡Ups!

¿Has visto alguna vez un dibujo animado donde alguien se resbala con una piel de plátano? Es un chiste popular, ¿pero sucede alguna vez en la realidad? Las pieles de plátano no son realmente más resbaladizas que cualquier otro trozo de fruta aplastado. Pero a comienzos del siglo XX, los plátanos eran muy populares. La gente los compraba en puestos en las esquinas de las ciudades y los comía ahí mismo. Luego, muchos tiraban las pieles al suelo. ¿Se resbalaba la gente y se caía? Quizá. Las ciudades querían estar más limpias. Así que empezaron a contar historias sobre lo fácil que era resbalarse y caerse para que la gente recogiera su basura.

Fricción y meteoros

La fricción también ayuda a la vida en la Tierra a sobrevivir al impacto de miles de **meteoros** cada año. Cuando un meteoro entra en la atmósfera de la tierra, va tan rápido que el impacto es muy violento. El meteoro experimenta una fuerte fricción por los gases que rodean la tierra. Empieza a arder y se convierte en una bola de fuego gigante. La mayoría de los meteoros arden y nunca llegan a la superficie de la tierra. Los que llegan se llaman meteoritos. Son una fracción del tamaño original. La mayoría aterrizan sin peligro en el océano. Estudiando la Luna puedes ver lo que pasaría en un lugar que no tuviera la fricción de la atmósfera para protegerse. Los cráteres en la superficie de la Luna son lugares donde chocaron las rocas del espacio.

Descubrir el Hoba

El meteorito más grande de la Tierra fue encontrado en 1920 por un granjero arando su campo. ¡Su arado se encontró con un meteorito de hierro de 60 toneladas! Los científicos excavaron el meteorito para estudiarlo, pero nunca se ha movido del lugar donde se encontró. Es demasiado grande. El meteorito se llama Hoba, al igual que la granja donde está.

Siente el fuego

Cuando un transbordador espacial vuelve a la atmósfera, atraviesa la misma fricción intensa que un meteoro. Entonces, ¿por qué el transbordador espacial no arde como un meteoro? Parte de la razón es porque está hecho de materiales especiales que pueden soportar altas temperaturas. Pero también se debe a la forma del transbordador. La superficie **despuntada** está abajo y crea una onda de choque que mantiene el calor alejado de la nave.

El clima

El aire que se mueve muy por encima de la tierra apenas se ve afectado por la superficie del planeta. Se mueve con suavidad y rapidez, pero cuando el viento cercano a la Tierra fluye por lagos, océanos, montañas, casas y árboles, aparece la resistencia. El aire se arremolina en muchas direcciones y se hace **turbulento**. La capa fina de la atmósfera más cercana a la Tierra se llama **capa de fricción**.

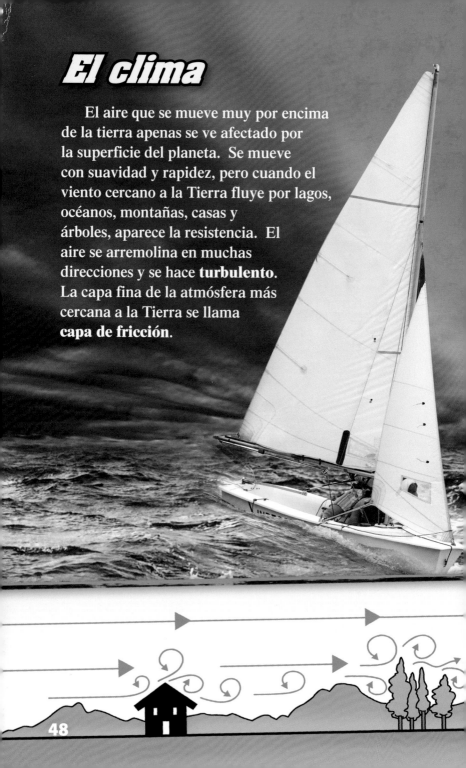

Fundamentos del viento

El viento se produce cuando el aire cálido y ligero se eleva y el aire más fresco y pesado desciende. Cuando se cruzan, las diferentes bolsas de aire hacen una especie de vuelta. Pero no es tan sencillo. La Tierra está rotando. Distintas partes se calientan o enfrían todo el tiempo. Además, el aire húmedo se comporta de manera diferente al caliente. ¡Predecir el tiempo puede ser muy complicado!

El aire fluye en diferentes patrones según lo que esté en su camino.

Efectos impactantes

¿Alguna vez has arrastrado tus pies por una alfombra y tocado el pomo de una puerta después? ¿Te llevaste una descarga eléctrica? La fricción al arrastrar tus pies puede causar que se acumule una carga eléctrica en tu cuerpo. Cuando tocas otro objeto, la carga se libera como una pequeña chispa que salta de tu dedo al objeto.

Los científicos todavía discuten sobre cómo se forma el rayo, pero la mayoría cree que es básicamente este mismo proceso. Las partículas de aire y agua en una tormenta se frotan entre sí y crean una carga eléctrica. Pero no es una chispa de nada. Cuando se libera, ¡la electricidad es un rayo enorme!

Contar las millas

Puedes saber lo lejos que está un relámpago contando los segundos desde que lo ves hasta que oyes el trueno. Espera a un relámpago. Luego, cuenta *uno-uno-mil, dos-uno-mil, tres-uno-mil* hasta que oigas el trueno. Cada cinco segundos equivale a una milla entre donde estás y la tormenta.

Los truenos retumban

Al formar un rayo, calienta el aire alrededor y crea presión rápidamente. Esto comienza una onda sonora en forma de trueno. Las ondas sonoras viajan a menos velocidad que la luz. Así que, a menos que el relámpago caiga muy cerca de ti, oirás el trueno varios segundos o un poco después de ver el rayo.

¡Agita, cascabelea y retumba!

La fricción puede causar una pequeña chispa o un gran terremoto. Un terremoto sucede cuando dos de las placas de la Tierra se deslizan entre sí. La fricción causa que los bordes abruptos de las placas de la Tierra se junten. La fuerza de la fricción hace que opongan resistencia al movimiento. Pero mientras los bordes abruptos están enganchados, acumulan energía. Finalmente, la energía crece tanto que supera a la fuerza de la fricción. Las placas se mueven. Toda la energía que estaba almacenada se libera en ondas y causa que la Tierra se mueva. Experimentamos el movimiento como un terremoto.

Cuando las placas de la Tierra se mueven, la fricción puede acumularse de forma drástica.

Antes

Después

Tragedia en Japón

En 2011 un terremoto en el océano Pacífico causó un tsunami masivo en Japón. ¡La ola tenía aproximadamente 30 pies de altura! Puede que recuerdes este suceso y las imágenes que había en Internet y en la tele. Este evento fue un recordatorio de que las fuerzas de la naturaleza son muy poderosas.

Tsunamis

Los terremotos pueden ocurrir también entre placas que están bajo el mar. Cuando esto sucede, la energía que se libera se mueve por ondas por el océano. Si se libera suficiente energía, puede causar una onda enorme. Los tsunamis pueden causar gran destrucción cuando llegan a tierra.

Sonidos de fricción

La fricción no es únicamente destructiva. También hace la vida más bonita, ¡mediante la música! ¿Sabías que muchos instrumentos dependen de la fricción para producir sus sonidos?

Instrumentos de cuerda frotada

El arco se frota contra las cuerdas, causando vibraciones que hacen sonido.

Tabla de lavar

Los músicos frotan sus uñas sobre la tabla de lavar.

Sierra musical

El arco se frota contra el borde suave de la hoja de la sierra mientras el músico dobla la sierra para alterar el tono.

Copas afinadas

Los músicos frotan sus dedos húmedos por el borde de vasos llenos de distintas cantidades de agua, causando vibraciones mediante la fricción.

Tambores de fricción

Los intérpretes utilizan un corcho o un palo para crear fricción en el parche.

¡No te quedes atrás!

Recuerda, la misma fuerza que nos permite parar, también nos ayuda a movernos. La misma fuerza que avería las máquinas que utilizamos también permite que exista la vida. Las fuerzas son energía. Cada fuerza puede ser una herramienta poderosa para la persona que entiende cómo funciona y cómo se puede usar.

¿Nunca te cansas?

Aquí tienes algunas otras formas de fricción que puedes ver en tu vida. Piensa en lo que has aprendido de la fricción. Después, considera cómo es evidente la fricción.

- haciendo fuego con palos
- ampollas
- terremotos
- cadenas para la nieve
- habla humana

Glosario

aerodinámica: con forma que permite que los fluidos o el aire fluyan suavemente

afilada: que su tamaño disminuye en uno de sus extremos

arrastre: la fuerza que actúa contra el movimiento de un objeto

caos: confusión y aleatoriedad completas

capa de fricción: la capa de la atmósfera más cercana a la Tierra

despuntada: que tiene un borde suave; no afilado

distancia de frenado: la distancia que recorre un vehículo después de que se haya pisado el freno

distancia de parada: distancia de frenado más tiempo de reacción

energía cinética: la energía del movimiento

estática: que no se mueve o cambia

fluidos: materia con la capacidad de fluir o derramarse

fricción de deslizamiento: el tipo de fricción que ofrece resistencia al movimiento entre objetos que se deslizan entre sí

fricción estática: el tipo más fuerte de fricción; la fricción entre dos cosas que no están en movimiento

fuerzas: potencias activas, causan movimiento o cambio

lubricantes: sustancias como el aceite o la grasa que reducen la fricción

meteoros: trozos de roca o metal del espacio exterior que arden cuando entran en la atmósfera de la Tierra

molecular: relativo a la parte más pequeña posible de una sustancia

mucosidad: una sustancia pegajosa y resbaladiza producida para humedecer y proteger el cuerpo

peso: la fuerza de la gravedad que se ejerce sobre algo basado en su masa o la materia que contiene

rebufo: utilizar la bolsa de presión del aire reducida tras un objeto en movimiento para aumentar la velocidad

resistencia a la rodadura: la clase de fricción que opone resistencia al movimiento entre objetos que ruedan el uno sobre el otro

resistencia del agua: la fricción entre las moléculas del agua y las cosas que se mueven por ellas

resistencia del aire: la fricción entre las moléculas del aire y las cosas que se mueven a través de ellas

se evapora: cambia de líquido a vapor o gas

textura: la estructura, sensación y aspecto de algo

tiempo de reacción: la cantidad de tiempo que le lleva a una persona darse cuenta de un peligro, pensar y enviar un mensaje al cuerpo para reaccionar

trineo: un vehículo básico con patines que ayudan a mover objetos pesados sobre tierra o nieve; un deslizador

turbulento: agitado; no tranquilo

viscosidad: la medida de la resistencia de un fluido a fluir

Índice

Bibliografía

Graham, John. *Forces and Motion (Hands-on Science).* **Kingfisher, 2001.**

Explora la física de la gravedad, fricción, fuerza centrífuga y más. En este libro aprenderás sobre máquinas sencillas e invenciones complejas a través de los 40 experimentos prácticos.

Greathouse, Lisa. *How Toys Work: Forces and Motion (Science Readers).* **Teacher Created Materials, 2009.**

Este libro explora los juguetes que funcionan mediante la electricidad, el magnetismo y el movimiento desde el diseño hasta su funcionamiento. Presenta a los lectores seis máquinas sencillas y explica cómo utilizan la fuerza y el movimiento para realizar trabajo. Aprende sobre favoritos consagrados incluyendo el caballo balancín, el Slinky y los cascabeles.

Leslie-Pelecky, Diandra. *The Physics of NASCAR: The Science Behind the Speed.* **Plume, 2009.**

El NASCAR es más que un simple y emocionante deporte que ves en la tele. Hay mucha ciencia tras la seguridad de los conductores y la velocidad de los coches.

Oxlade, Chris. *Friction and Resistance (Fantastic Forces).* **Heinemann-Raintree, 2006.**

¿Sabes cómo funcionan los paracaídas? Este libro hace las preguntas sobre la fricción cuya respuesta quieres saber. ¡Tampoco te olvides de probar los experimentos!

Más para explorar

How Lizards Defy Gravity

http://www. pitara. com/discover/eureka/online. asp?story=97

Los gecos son criaturas pequeñas e interesantes. Averigua
más sobre este pequeño lagarto que puede colgar boca abajo
con facilidad.

How Water Slides Work

http://science. howstuffworks. com/engineering/structural/water-slide. htm

Los toboganes de agua emplean la física, la gravedad y la fricción
para funcionar. Quita uno de estos elementos y no será igual de
divertido. Aprende cómo estas tres cosas funcionan juntas para
darte una bajada divertida y alocada.

The Science of Earthquakes

http://earthquake. usgs. gov/learn/kids/eqscience. php

Durante un terremoto tiene lugar un ejemplo de fricción a gran
escala. La ciencia tras un terremoto está explicada detalladamente
en esta web, con diagramas e imágenes que te ayudan a visualizar
los conceptos.

Sid the Science Kid: Fun With Friction

http://pbskids. org/sid/funwithfriction. html

Ayuda a Gerald a tirar objetos del hogar mediante la fuerza y la
fricción. Eliges la superficie del suelo y él deslizará el bloque.
Intenta elegir la superficie con la cantidad adecuada de fricción.

Acerca de la autora

Stephanie Paris es una californiana de séptima generación. Es licenciada en Psicología por la Universidad de California, Santa Cruz, y obtuvo su certificación para enseñar diversas materias en la Universidad Estatal de California, San José. Ha sido maestra de primaria, maestra de primaria de informática y tecnología, madre que ha educado a sus hijos en casa, activista educativa, autora educativa, diseñadora web, *blogger* y líder de *Girl Scouts*. La señora Paris vive en Alemania, donde la palabra *fricción* se dice *friktion*.